# Pierre et le Loup

de Sergueï Prokofiev
direction musicale : Herbert von Karajan
raconté par Robert Hirsch

Pierre et le Loup est un conte musical pour enfants, écrit et composé par **Sergueï Prokofiev** en 1936. Outre l'histoire de Pierre, petit garçon intrépide et courageux bien que désobéissant, l'objectif de cette œuvre est de présenter aux enfants des instruments de l'orchestre, chacun associé à un personnage :

Pierre : le quatuor à cordes
L'oiseau : la flûte traversière
Le canard : le hautbois
Le chat : la clarinette
Le grand-père : le basson
Le loup : trois cors
Les chasseurs : timbales et grosse caisse

## Plages du CD :

1. Présentation
2. Pierre et l'oiseau
3. Le canard
4. Le chat
5. Grand-père en colère
6. L'arrivée du loup
7. Malheureux canard
8. Un loup à l'affût
9. Pierre passe à l'action
10. Un petit oiseau courageux
11. Le loup pris au piège
12. Les chasseurs
13. Pierre victorieux
14. La marche triomphale
15. La marche des instruments
16. Un canard bien vivant !

Au son de la clochette, tourne la page…

Le hautbois
Le canard
Le chat
La clarinette
L'oiseau
La flûte traversière
Le Grand-Père

Les timbales et la grosse caisse

Le loup

Le cor

Les chasseurs

Le basson

Pierre

Le quatuor à cordes

Au son de la clochette
Tourne la page

## 2. Pierre et l'oiseau

Au son de la clochette
Tourne la page

3. Le canard

Au son de la clochette
Tourne la page

Au son de la clochette
Tourne la page

## 5. Grand-père en colère

Au son de la clochette
Tourne la page

# 6. L'arrivée du loup

Au son de la clochette
Tourne la page

# 7. Malheureux canard

Au son de la clochette
Tourne la page

8. Un loup à l'affût

Au son de la clochette
Tourne la page

# 9. Pierre passe à l'action

Au son de la clochette
Tourne la page

## 10. Un petit oiseau courageux

Au son de la clochette
Tourne la page

## 11. Le loup pris au piège

Au son de la clochette
Tourne la page

## 12. Les chasseurs

Au son de la clochette
Tourne la page

Au son de la clochette
Tourne la page

## 14. La marche triomphale

Au son de la clochette
Tourne la page

## 15. La marche des instruments

Au son de la clochette
Tourne la page

16. Un canard bien vivant !

## Crédits

Auteur : Sergueï Prokofiev
Enregistrement de 1957
par le Philharmonia Orchestra
sous la direction de Herbert Von Karajan
Narrateur : Robert Hirsch

Photo Karajan :
© Bettmann/CORBIS

Directeur de collection : Rémi Guichard
Éditrice : Coralline Pottiez
Illustrations : Bruno Robert
Mise en page : Eric Sulejmani

ISBN : 978-2-36256-073-6

Dépôt légal : Janvier 2013
Conforme à la loi n°49-956 du 16 Juillet 1949 sur les publications destinées à la jeunesse.